SUR LE DROIT BILEN

A PROPOS DU LIVRE

DE M. WERNER MUNZINGER

INTITULÉ

LES MŒURS ET LE DROIT DES BOGOS [1]

Il y a déjà longtemps, Messieurs, que j'ai promis de vous entretenir de cet ouvrage, et ce retard prolongé aurait rendu bien vaine ma prétention de vous en parler aujourd'hui, s'il s'était agi d'un de ces livres éphémères qui reflètent à la hâte de fugitives impressions de voyage pour retomber bientôt dans le vaste abîme de l'oubli. Heureusement pour moi, la modeste brochure de M. Munzinger a une portée bien plus haute car elle révèle au public tout un ordre de recherches trop négligé par les voyageurs qui cherchent à esquisser les pays sauvages et peu connus. Quelque vifs et quelque précis que soient les traits des sciences naturelles et physiques, on ne saurait oublier qu'un aventureux pionnier en découvertes a encore bien autre

[1] *Ueber die Sitten und das Recht der Bogos*, in-8°, XIV-96 pages

D'ABBADIE.   1 chose à faire qu'à récolter des dessins, des herbiers et des chiffres, et que le poëte a dit avec raison : « Le genre humain est la plus noble étude de l'homme (1). »

Veut-on savoir pourquoi la curiosité des géographes est toujours si irritée et si peu récompensée quand elle s'adresse à l'intérieur de l'Afrique ?

Est-ce la nature si peu articulée de son contour, si vaste et si continentale, qui arrête également les incursions rapides des touristes et les recherches patientes de nos savants? Non, l'homme n'est pas à un tel point l'esclave des précipices, des fleuves et des montagnes. Depuis les temps fabuleux des Nimrod et des Hercule, il sait les franchir. Cette Afrique, si impénétrable de notre temps, a vu s'acclimater sur la lisière de son désert la civilisation étrangère de la Cyrénaïque, dont les annales perdues nous auraient révélé des données précieuses sur les nations du Waday, du Darfour et d'autres terres voisines, comme elles à peine connues de nom aujourd'hui. De nos jours on voit se renouveler avec encore plus d'éclat et d'avenir les merveilles de cette Pentapole si habilement fondée par les Lacédémoniens, car les Anglais, au Cap, et les Français, en Algérie, tournés face à face, marchent résolûment, quoique pas à pas, vers la zone centrale du continent ténébreux.

Quand le géographe penseur dépose sa plume découragée d'avoir fait la chronique de tant de voyageurs en Afrique moissonnés avant le temps, et qu'il s'élève jusqu'aux causes morales qui ont rendu stériles tant

(1) « The noblest study of mankind is man. » Pope.

de patience et tant d'audace, il se persuade bientôt que le génie inné des Africains s'oppose aux voyages qui sont les premières grandes artères de la civilisation. Et cependant l'histoire nous apprend qu'il n'en a pas été toujours ainsi, et que, sur trois points au moins, l'Afrique a eu assez de séve et de jeunesse pour faire naître des civilisations qui lui ont été propres.

Nous ne parlerons pas de Carthage, si indigène dans toute son histoire, mais qui semble avoir puisé dans une immigration étrangère le feu sacré du progrès ; nous vous citerons le royaume fameux et presque fabuleux de Méroë ; nous vous nommerons aussi ces Konso révélés par le P. Léon des Avanchers (1), et dont l'écriture abrahamique est sans doute le reflet d'un beau passé. A ceux qui doutent de la valeur morale des Africains nous parlerons surtout de l'Égypte, si célèbre et si florissante déjà aux premières lueurs des annales historiques.

Les riverains du Nil se régénèrent aujourd'hui, mais en s'appuyant des deux mains sur la civilisation étrangère : dès qu'on les livre à eux-mêmes, ils subissent, eux aussi, cet arrêt de développement moral qui semble peser de nos jours sur l'Africain de pur sang. Tandis que tel peuple de l'Asie, le visage amoureusement porté en arrière vers de grands et brillants ancêtres, vit surtout de son passé, tandis que l'Europe, au génie inquiet et ardent, tâtonne fiévreusement toutes les voies de l'avenir, l'Africain d'aujourd'hui, partout où

(1) Voyez *Bulletin de la Société de géographie*, t. XVII (1859), p. 160.

il est livré à lui-même, descend, sans éprouver ni honte ni espoir, cette échelle de la civilisation qu'il avait jadis montée si haut.

Nos études scientifiques se résument surtout et se couronnent par celles de l'âme humaine, et nous amènent, en dernier lieu, à poser de grands problèmes. On peut surtout énoncer les suivants : Quel est l'état de la société où le génie du progrès et même celui de la conservation abandonnent l'homme pour le laisser se plonger lentement et de plus en plus dans cette malédiction de Dieu qu'on appelle la barbarie? Quel est ce relâchement des ressorts religieux, moraux et intellectuels qui fait éclater la faiblesse de l'homme dès qu'il est livré aux simples penchants de ses sens et d'une raison périssant à la dérobée faute d'exercice et de nourriture?

Il n'est guère de penseurs qui se soient élevés assez haut pour répondre à ces graves questions. Quand ils les abordent, ils s'adressent d'abord à la philologie, qui crayonne seulement le berceau de chaque peuple et en montre le reflet lointain ; car, si toute nation peut aiguiser et user sa langue à son gré, elle ne saurait jamais en modifier la physionomie primordiale.

A des époques plus voisines de nous, la religion, mot dont l'étymologie dessine si bien le vrai sens, conserve sur la société une influence incontestée. Mais bien peu de voyageurs étudient à fond les croyances transterrestres des peuples : quand ils s'en préoccupent même, ils savent rarement nous redire, à côté des détails presque toujours purs du précepte, les superstitions dégénérées de la pratique. C'est de la religion surtout que dérivent les mœurs, et plus d'un géographe philosophe les a interrogées pour rendre vivante en son esprit une société dont les traits saillants le heurtent presque toujours plutôt qu'ils ne le charment.

Les récits de coutumes et même de sentiments ou d'opinions éparpillés dans les livres de voyages nous révèlent rarement la vraie physionomie des peuples. Il était réservé à M. Munzinger d'avoir le premier mis devant le public le fruit d'une pensée qui m'a fait prendre la plume dans *Inarya* en 1843, que mon frère, M. Arnauld d'Abbadie, a travaillée ensuite, à ma demande, comme une féconde spécialité, et qu'il est allé recompléter en Éthiopie il y a neuf ans.

Mû par les mêmes saines idées, M. Munzinger a songé aussi à étudier dans un coin de la même contrée les allures diverses du droit et des us judiciaires.

On sait assez que le droit, comme sa mère ou du moins sa sœur aînée, la religion, vit dans la vénération du passé, mais qu'au contraire de celle-ci, tout en reflétant les idées primordiales des sociétés humaines, il se rajeunit souvent et se modifie lentement en se moulant sur les idées du temps actuel. C'est seulement de la connaissance pratique et combinée de la religion, du droit et des mœurs étudiés au sein même de l'Afrique, qu'on pourra enfin s'autoriser pour comprendre, influencer et peut-être même régénérer ses habitants.

Plus empressé et surtout plus hardi que mon frère, le voyageur suisse nous a livré le fruit précoce de ses recherches et de son expérience.

(6)

On les voudrait plus complètes, mais personne ne songera à lui reprocher d'avoir donné avec tant de modestie le premier à-compte d'un travail bien conçu et sincèrement développé. C'est dans la pensée de le lui voir continuer un jour que nous y signalerons des doutes et des lacunes, et non pour céder à la facile et bien triste satisfaction de critiquer un travail sans précédent et hérissé de difficultés de toute espèce.

Les Bilen, que j'ai cru pouvoir, il y a déjà long-temps (1), identifier avec les Blemmyes des Romains, sont un vaillant mais petit peuple qui forme le rempart chrétien le plus septentrional de l'Éthiopie. Ils se nomment Boas gor ou fils de Boas, probablement quand ils disent leur thème de guerre, comme les tribus Saho et Ilmorma, qui changent leur nom en pareille occasion. Ces derniers s'appellent alors *Ilma galla*, fils de Galla, et les peuples voisins qui ont appris leur existence par leurs incursions guerrières, leur ont tous donné ce nom : on peut donc attribuer à une origine analogue le nom de Boas gor, transformé par les étrangers, selon notre auteur, en celui de Bogos. Mais dans le langage ordinaire ils se donnent le nom de Bilen, et nous préférons employer cette dénomination tout indigène.

Il est probable, en effet, comme M. Munzinger l'affirme hardiment d'ailleurs, que les us Bilen ont

____

(1) Quatremère a placé la patrie des Blemmyes dans la région occupée aujourd'hui par les Bilen. Il serait aisé de faire voir qu'un Tigray prononcerait ce dernier mot Bilenni ou Blenni.

de la législation. Au fond de l'Afri[que]
dans nos districts ruraux de Fran[ce]
tradition : il n'est écrit nulle par[t]
particulier le fait surgir à la lumi[ère]
muette jusqu'alors, toujours majes[...]
durée.

Avant d'entrer en matière, not[re]
traditions du pays, annales sé[...]
vérités en lambeaux, mais dont [...]
sophe pourra dégager les nuages [...]
toire avec ces débris flottants du [...]
Cuvier a su reconstruire avec que[...]
siles les formes des animaux qu[...]
traditions Bilen sont analogues [...]
l'Éthiopie; partout on voit des p[...]
front haut et le javelot levé pour [...]
ciers. Partout ceux-ci s'échappen[t]
occuper les *qualla* ou terres c[...]
Partout les premiers colons ne v[...]
de leur patrie envahie et perdu[e]
dans la fange de la barbarie, et [...]
notre Europe sous les invasio[ns]
conquérants africains ont toujou[rs]
de civilisation et plus d'aveni[r]
qu'ils ont vaincues.

Les derniers venus sont ici les [...]
date leur origine de l'invasion [...]
sur leurs généalogies de douze g[...]
et en attribuant à une génératio[n]
cinq ans au lieu de trente-trois, [...]
lement ailleurs. Cette grave exc[...]

été jadis communs au reste de l'Éthiopie chrétienne, qu'il aime à désigner spécialement par le nom d'Abyssinie : un Européen qui a tant séjourné dans ces contrées lointaines, comme l'a fait votre rapporteur, se demande si M. Munzinger a bien étudié ce droit en Amara ou même en Tigray, avant d'affirmer, comme il le fait, que les vieux us se sont métamorphosés et que la cohésion des familles s'est relâchée pour abandonner au roi sa puissance de faire justice? Du moins il n'en était pas ainsi il y a douze ans, malgré de longs siècles de gouvernement monarchique, et si un pareil phénomène s'est réalisé depuis sous le chef actuel, ce serait un des faits les plus anormaux et les plus étonnants dans l'histoire abstraite du droit. Au nom de tout ce qu'il y a de plus sacré dans le monde de la pensée et du sentiment de ce qui est juste, on protestera avec nous contre cette assertion jusqu'à ce qu'elle soit surabondamment prouvée. Le droit ne change point du jour au lendemain comme les gouvernements de notre siècle : il peut devenir muet sous le régime du sabre et plier un instant son éternelle majesté sous l'étreinte d'un despote ; mais c'est une croyance innée à l'homme, qu'un arrêt, surtout prononcé par un magistrat, puise sa force dans la raison pure qui l'a dicté, et cette croyance inspire la sentence du juge tout en surnageant toujours dans l'esprit du justiciable. Même le souple et dévoué Oriental, alors qu'il succombe à une *avanie*, accuse et réprouve la force brutale qui l'a frappé. Pour l'honneur éternel du genre humain, nous ne craignons pas d'affirmer qu'à toutes les époques et dans tous les pays, le sommeil du

droit est l'avant-c[...]
tyrans,

Ailleurs notre au[...]
tés. Nous irons plu[...]
assertion navrante,[...]
saurait trouver de l[...]
los). En empruntan[...]
les Bilen n'en ont p[...]
qui est toujours le[...]
retombées dans la b[...]
même l'esprit. Au c[...]
effet justice doit s[...]
geurs qui se dispu[...]
passant pour les ju[...]
formes à suivre en[...]
la procédure du *a*[...]
justice improvisée[...]
atteindre les plaid[...]
réunir, dans le jug[...]
sonnes de nationa[...]
tion d'avoir une lan[...]

M. Munzinger re[...]
droit Bilen à celui [...]
le désir d'en agir a[...]
la publication de m[...]
idées dans ses trav[...]
tions de M. Munzin[...]
un *juge passant* qu[...]
avec la conscience[...]
tiquant les procès [...]
pour remonter à le[...]

rales de l'humanité, et qui abrégerait de sept ans la durée de la vie de célibataire chez l'homme, aurait cependant besoin d'être bien prouvée : nous avons étudié la même question en cherchant à préciser les dates des émigrations Saho et Ilmorma ; mais ce n'est pas ici le lieu d'exposer nos demi-preuves, nos doutes et nos résultats.

Les trois généalogies citées par M. Munzinger offrent la preuve intrinsèque d'un mélange de peuples, probablement de conquérants et de vaincus, car si l'ancêtre commun *Gabra* Tirke porte un nom *Gi-iz* ou du moins Tigray, on trouve parmi ses descendants des noms exclusivement affectés aux musulmans et d'autres qui ne sauraient appartenir à la langue Bilen. En effet, cet idiome étant de famille Kamitique, ne doit commencer aucun mot par la lettre R. Nous avons, d'ailleurs, peine à croire que le mot Ad, qui signifie *village* ou *hameau* en Tigray, forme partie d'un nom d'homme, et nous en demanderons la preuve à notre auteur avant de souscrire à son opinion. Nous sommes aussi fort en peine d'admettre que la nation, évidemment valeureuse qu'il décrit, provienne de nombreux mariages (*wechselseitige Heirathen*) dans son propre fonds, car ce serait la négation de cet heureux effet des mélanges si bien admis par nos hygiénistes les plus éminents, et dont nous espérons un jour montrer la vérité, même en Éthiopie, chez les Ilmorma, tandis que les mariages entre proches paraissent avoir abâtardi les races, jadis puissantes, des 'Afar. Quoi qu'on dise, nous croirons encore que les influences de races et de climats ne sauraient changer les grandes lois de l'humanité.

De 1849 à 1854, quatre invasions étrangères ont démoralisé les Bilen, qui eurent le plus à souffrir des musulmans d'Égypte, ces messagers de barbarie sur tout le pourtour de la Nubie. Après avoir brièvement narré leurs incursions, notre auteur ajoute avec une raison pleine de tristesse : « Un peuple démoralisé qui doit se jeter dans les bras des étrangers, perd sa fierté nationale, son droit et même son langage. Les idées se changent : l'ancien usage perd sa sainteté, et l'on se fait à celui qui est nouveau. Nous décrivons donc un droit qui mourra, parce que l'indépendance patriarcale qui l'a engendré menace de s'évanouir : pareil à une momie mise au cercueil et endurcie là, qui, faite pour les trous des rochers, y gisait des milliers d'années sans se détruire, et qui aujourd'hui doit être abandonnée au soleil, au vent et à la pluie. »

Mais disséquons cette momie. Jusqu'à preuve du contraire, nous la croyons mieux embaumée qu'on ne l'a dit, et la vie nouvelle que les P.P. Lazaristes réchauffent depuis sept ans chez les Bilen ne pourra détruire de quelque temps, pas plus que ne l'a fait leur reste ancien de christianisme, le droit, tant soit peu païen, de cette nation. Elle se compose d'une race d'élite régie d'une façon primitive qui s'est assujetti, en quantité restreinte, les aborigènes, ainsi que quelques tribus incorporées plus tard. Leur droit est patriarcal et aristocratique : sa sanction est la liaison ou cohérence des familles.

Après cette définition, M. Munzinger ajoute que l'idée de Dieu est inconnue comme fondement du droit. Il va même jusqu'à dire que, chez les Bilen, il n'existe pas de lien entre le droit et la morale. Aucun juriste ne voudra admettre de pareils axiomes, surtout en voyant notre auteur ajouter que, sans aucun doute, les principes du droit des Bilen dérivent de leur ancien lieu de séjour dans le sud de l'Éthiopie. Là, en effet, tout porte cet éclatant témoignage que l'idée de Dieu est toujours et partout présente non-seulement chez les Kamta et les Amara, mais même chez les Ilmorma les plus rebelles aux idées chrétiennes ou musulmanes. Pour l'éternel honneur du genre humain, proclamons bien haut qu'ici comme ailleurs, comme partout, l'idée du droit ne saurait être basée que sur celle des principes moraux et surtout de Dieu qui en est l'éternelle source. Telle est forcément la théorie originelle du droit.

Dans la pratique Bilen, il est sauvegardé par l'intérêt même des familles et la grande facilité de l'émigration; celui à qui l'on a dénié la justice, quitte le pays et affaiblit ainsi la famille, en cherchant ailleurs un juge assez indépendant pour le protéger. Il en est de même dans le reste de l'Éthiopie, où la garantie de la justice se trouve en outre dans le droit qu'on a de choisir librement son juge, droit qui, dans la plupart des cas, appartient exclusivement au défendeur. Il y a certainement moins de liberté chez les Bilen, où « la famille est l'État, le souverain et le législateur. » Nous ajouterons qu'il doit être parfois un despote, car le droit d'appel, si bien défini ailleurs en Éthiopie, ne paraît pas exister chez les Bilen.

En Afrique comme en Angleterre, le ministère public est inconnu : l'accusation y perd sans doute de son impartialité et de sa dignité ; mais l'action du juge vient sauvegarder ces ingrédients de toute bonne justice, et la pratique enseigne que la saine liberté gagne à livrer, uniquement au plus intéressé, le cri sacré qui demande justice.

Malgré l'autorité incontestée du Sim (chef de la famille jusqu'au septième degré), son autorité n'a rien de politique comme chez les Sum des Amara. L'esprit d'égalité entre les *Simagile* (patriciens ou aristocrates) s'oppose à cette extension de pouvoir, et le Sim peut être le plus faible et le plus pauvre de toute la tribu. Il ne prend sa valeur que lorsqu'il rend la justice et quand l'ordre de la nature lui confère sa charge. Son meurtre est taxé comme celui de deux patriciens. Le Sim est quelque chose de saint et d'inviolable : il a droit à une certaine quantité de blé pour chaque paire de bœufs qui travaille sous sa juridiction, mais ce tribut se borne à la première année de sa charge, sans doute par cet amour d'égalité si inné aux peuples qui, en Suisse, en Arabie ou en Éthiopie, préfèrent l'élève des bestiaux à la culture de la terre.

Le droit des *Bilen* se nomme Fitha Mogareh (droit ou jurisprudence de Mogarch), du nom de la plaine habitée en premier lieu par le fondateur de ces tribus. S'il s'élève une contestation entre deux clans, ils la défèrent à un troisième plus ancien dans la généalogie traditionnelle, et parfois même à un chef étranger, toujours en stipulant alors que la cause sera jugée d'après le droit de Mogareh. Comme ailleurs en Éthiopie, le ministère de l'avoué est remplacé par des cautions judiciaires. Celle de la procédure se nomme wahis. Le

Garam est la *cautio judicatum solvi* des Romains; mais elle est toujours exigible, absolument comme dans le reste de l'Éthiopie, ce qui montre assez que, dans l'origine, cette forme de procédure fut instituée pour des peuples nomades. On exige aussi quelquefois le *zoho* ou otage, qui est perdu pour la partie non adhérant au jugement. Le devoir du wahis est de faire payer le débiteur dans le délai légal, et de payer pour lui s'il s'y refuse; dans ce dernier cas, il a le droit de se faire rembourser par celui-ci au double.

Ce *zoho*, mot qui signifie seulement *ôtage* parmi les Amara, peut être aussi un gage chez les Bilen, et il est perdu (*verschlungen*) pour son propriétaire s'il s'oppose à l'exécution du jugement. Le zoho est employé surtout dans les affaires politiques, et consiste en enfants notables, en sabres ou en bijoux; alors ces deux derniers doivent valoir le prix d'un homme. L'otage abandonné n'a plus aucun droit, et si le possesseur d'un pareil zoho tue l'enfant ou perd l'article de valeur, il n'y a ni sang à payer ni dette à rembourser. Ces singuliers principes sont inconnus dans la partie monarchique de l'Éthiopie et marquent bien chez les Bilen une rare décadence de la justice. Ils n'acceptent comme témoin qu'un indigène libre, de condition honnête, qui cultive sa terre, paît sa vache et rase son menton. Il faut, de plus, qu'il soit né de parents mariés, ce qui prouve, à nos yeux, que les idées morales se mêlent bien au droit Mogareh. Les incapacités de témoins sont d'ailleurs les mêmes que chez nous, mais toutes ces règles de témoignage ne concernent que les procès civils, et ne s'appliquent point aux cas de vol ou de sang répandu.

Un autre genre de preuve admis en justice est le *wotwozam* ou aveu d'un complice. C'est ce que les Anglais appellent *king's evidence* ou témoignage royal, dont l'institution impure montre au moins la résolution de ne jamais laisser un crime entièrement impuni. **Les Bilen** sont fort logiques à cet égard, car ils admettent comme *wotwozam* même un ennemi de la nation, un étranger ou un serf. L'auteur ne dit ici rien de l'esclave. Remercions la prudence de nos pères, qui n'ont jamais admis le *wotwozam* en France.

Le serment est la preuve suprême : il incombe au défendeur et le demandeur peut l'y obliger à son gré. Il peut même choisir le genre de serment à déférer, soit en faisant frapper de la main droite la paume droite d'un proche parent, soit en obligeant le défendeur à franchir du pied droit un sabre couché à terre par la partie adverse, tout en protestant de la vérité de son dire.

Une forme plus grave consiste à enjamber la tombe d'un proche parent comme pour s'attirer la malédiction du défunt en cas de mensonge. Mais le serment le plus redouté est celui de l'église. Près de ce lieu sacré, le demandeur jette au vent les cendres d'un pot en souhaitant une pareille dispersion aux enfants de celui qui ment ; puis il brise le pot en prophétisant le bris du menteur ; ensuite il égorge à la porte de l'église un chevreau noirci de charbon et il maudit le diseur félon ; enfin la partie adverse conduit le défendeur dans le hameau de Mogareh, où il renouvelle ses imprécations à la Durma, nom de la pierre où, dit-on, les éléphants ont assermenté leur frère. A chacune des malédictions

(16)

prononcées par le demandeur, celui à qui l'on défère le serment répond : *Amen.* S'il y manque une seule fois, le serment est invalide et doit être recommencé. Comme on n'a recours au serment qu'à défaut de toute preuve, on a le droit de s'y soustraire en payant la moitié du prix contesté, mais une pareille fin de procès est rare en cour de justice *bilen.*

Après ces légères notions de procédure, notre auteur ajoute que le pari judiciaire n'est usité en droit Mogareh que par les Éthiopiens étrangers, et qu'il ne sert d'ailleurs qu'à ruiner les parties pour enrichir un juge étranger. J'ai entendu décrire sous ce point de vue les paris employés dans le *H*amasen; cependant l'origine de cette procédure singulière n'en est pas moins respectable au dire des légistes Amara. « Chez nous, m'assuraient-ils, les juges ne sont pas aussi parfaits que dans le pays des blancs. Ils s'endorment quelquefois sous l'éloquence impuissante des plaideurs, et le pari interlocutoire qu'on propose en allant nouer la toge du juge et qu'on accepte en la dénouant, l'empêche physiquement de sommeiller. D'ailleurs, moralement parlant, un juge prête toute son attention à bien décider un fait important, dont le pari doit dans tous les cas s'ajouter à ses frais de justice, fort modestes, vous le savez. Enfin, avons-nous besoin de vous citer l'axiome de palais bien connu :

> *H*abtam b*a* waqqet
> d*i*ha b*a* durgo d*a*qet?

(le riche parie par onces d'or ; le pauvre, par poignées de farine). »

La procédure est la partie la plus pittoresque et la plus curieuse de l'us éthiopien, et nous ne savons si M. Munzinger a omis de l'exposer au long, ou si cette preuve de civilisation, bien patente d'ailleurs, même chez les Gurage et les Ilmorma, manque de tout point dans la décadence des B*i*len.

Notre auteur divise son sujet en cinq chapitres : 1° rapports de père à fils ; 2° de maître à serf et de patron à vassal (*Dienstmann*) : contrats ; 3° relations des sexes, droit de mariage ; 4° droits matériels, violation de la propriété, vol ; 5° il traite enfin de la violation de la personne et du droit de sang.

1

La population totale des B*i*len, tant patriciens (*s*i*ma-g*i*le*) que plébéiens (*t*i*gre*), est estimée à 2100 lances ou hommes capables de porter les armes, et, comme à Rome jadis (*pecunia*, de *pecus*), leur richesse est donnée en vaches, estimées ensemble à 170 000 fr., en évaluant la vache en moyenne à 15 fr., et sans compter les chèvres ni les bœufs de labour. Les patriciens forment le tiers de la population. Mes renseignements sur ce pays, publiés dans votre bulletin (1), portaient à 1500 lances seulement la population totale. Plus tard, une statistique individuelle des habitants d'un gros village dans *Akala* me donna la proportion de 1 à 4 comme étant celle des lances comparées à la population totale. C'est aussi le résultat adopté par M. Munzinger.

La majorité, à 18 ans, ou le mariage d'un fils l'en-

(1) Année 1842, tome XVIII, p. 199.

lève à la puissance de son père, qui peut d'ailleurs, en droit strict, vendre ou même tuer son enfant mineur, et le premier de ces crimes était fréquent dans les années de famine : de là l'origine des serfs indigènes. Ce droit, trop digne des Romains antiques, ne prévaut d'ailleurs point dans le reste de l'Éthiopie où une mère est toujours admise à ester en justice pour venger la vente ou la mort de son enfant. Chez les Bilen, une femme mariée appartient moitié à son père et moitié à la famille de son mari. Le patron est le tuteur des enfants d'un client (plébéien) mort sans laisser de proche parent. Afin de tempérer la puissance exorbitante des pères, un enfant a le droit de le quitter pour aller vivre sous la protection de n'importe quel patricien, mais cette démarche ne libère point le père de sa responsabilité légale vis-à-vis de son enfant, qu'il est donc intéressé à bien traiter.

Si une fiancée vient à mourir avant son mariage, elle est remplacée de droit par sa sœur, ou sa nièce ; on peut être ainsi promise avant de naître.

La fille-mère fait ses couches dans une hutte hors du village ; son enfant est étouffé et enterré dans un lieu solitaire. Ce que l'auteur nous a déjà dit sur une incapacité de témoin fait néanmoins présumer qu'on se dérobe quelquefois à cet usage, qui, malgré sa logique barbare, prouve l'existence d'une idée morale dans le droit des Bilen.

On appelle *Singalat* une cérémonie analogue à la prise de la toge virile chez les Romains. Vers la Noël, un jeudi ou un samedi, le candidat va en nombreuse compagnie, et avant l'aurore, chez son oncle maternel qui lui rase la touffe de cheveux conservée sur le devant de la tête (contre le mauvais œil croyons-nous, comme dans le reste de l'Éthiopie), et lui donne sa bénédiction d'abord, puis une lance et une jeune vache. Le jeune homme visite ensuite ses parents et connaissances qui lui font un cadeau, chacun selon ses moyens. Cette fête dure sept jours.

Les vieilles lavent et parfument le corps d'un défunt et lui mettent une pierre blanche dans la bouche. Si c'était un homme, on lui jette dessus trois fois autant de pots d'eau qu'il a épousé de femmes pendant sa vie. Puis le corps est enseveli dans une toile blanche de coton. Chemin faisant vers le tombeau, on le pose trois fois à terre, et on l'arrose, ainsi que le tombeau, avec de l'eau parfumée.

Celui-ci est entouré d'un mur de deux pieds de haut qui est dépassé par un amas de pierres, blanches s'il y a eu mort naturelle. et noires si le défunt a péri par la main de l'ennemi. Mais on omet ces dernières si l'ennemi était un roi étranger, car, dans l'idée de ces peuples, on ne venge pas plus le sang contre un roi qu'on ne le ferait contre Dieu. S'il s'agit d'un chef on portera jusqu'à vingt pieds de hauteur le tertre de pierres funéraires. Les demeures des morts sont ainsi plus pittoresques que celles des vivants. Toute mort est suivie du sacrifice d'une vache dont on distribue la chair aux pauvres, et l'on fait ensuite un festin funéraire. à chaque anniversaire. Ce festin n'a lieu qu'une fois dans le reste de l'Éthiopie et n'est omis ni par les Ilmorma ni par les Qimant, ni même par les nègres qui font tous alors, selon les croyances, ou des prières, ou de bons souhaits pour le défunt. Cependant M. Munzinger dit que les B*i*len ne connaissent point de prières pour les morts : nous aimons à douter de cette assertion navrante, car dans nos propres recherches nous avons appris combien il est souvent difficile de constater un fait négatif.

II

Chez les B*i*len on peut être serf (Leibeigener) par naissance, par vente, ou par l'impossibilité de payer ses dettes. Cette dernière origine rappelle la loi romaine qui, plus barbare, faisait un esclave du débiteur malheureux. Ce qui est extraordinaire c'est qu'un B*i*len peut se constituer volontairement serf : la terre classique de l'esclavage pouvait seule faire passer dans la loi une telle perversion des saines idées du droit. Mais le maintien d'un pareil us prouve assez, ce que nous avons vu partout en Éthiopie, qu'un esclave n'est pas malheureux tant qu'il ne sort pas des limites de cette contrée.

Quand un serf ne l'est pas de naissance il peut toujours se racheter au prix fixe de dix vaches ou environ 160 francs de notre monnaie. Cette somme doit être livrée dans le Muhabar ou assemblée de village. Le ci-devant maître donne alors une caution à l'affranchi qui, de son côté, doit se choisir un patron. L'us a établi les divers frais de ce contrat verbal, dont *toutes* les formes doivent être suivies sous peine de nullité, et que le crieur public proclame dans les trois villages les plus voisins, car telle est, avec de légères variantes, la méthode éthiopienne pour enregistrer les contrats. Ces sages coutumes tempèrent la noirceur de l'esclavage et sont l'aurore d'un droit plus pur. Mais l'us Bilen va encore plus loin : le serf, sans distinction de sexe, a le droit de vivre où il veut, et même chez un patron qu'il peut choisir parmi les nobles du pays. Il ne reste alors au maître d'autre droit sur son serf que celui qu'il possède toujours de s'approprier une certaine portion de son revenu. Ce choix d'un patron a lieu quand le serf se méfie de son maître dont les pouvoirs sont assez étendus, non-seulement pour l'affranchir, mais encore pour le donner ou le vendre. En relatant ces ingénieux tempéraments de l'esclavage, nous n'avons pas pu retenir la pensée que, dans l'Amérique, nos amis les Confédérés, malgré leur supériorité incontestée dans la civilisation, pourraient prendre quelques leçons de savoir-vivre chez les demi-barbares de l'Éthiopie.

L'héritage du serf appartient à son hôte sans distinguer s'il est patron ou maître. Mais ce dernier est regardé comme le père de son serf, est responsable des meurtres qu'il commet, et a le droit de venger sa mort. Le prix du sang d'un plébeien est le même que celui d'un patricien. Le maître est le juge, le patron et la caution de son serf. Tous les esclaves font partie de l'héritage du fils aîné. M. Munzinger ne nous dit pas quelle est la ligne de démarcation entre le serf et l'esclave proprement dit.

(22)

III

L'ouvrage que nous examinons a le très-rare mérite d'éviter les phrases inutiles et d'être rempli seulement de faits nouveaux. Malgré l'aridité du sujet, nous croyons donc devoir en présenter plusieurs extraits, surtout pour les rapprocher des institutions de l'ancienne Rome, qui sont familières à plusieurs de nos lecteurs. En les comparant aux us Bïlen, on sera forcé d'en conclure une communauté d'origine, bien lointaine il est vrai, ou bien d'admettre que toute civilisation passe par les mêmes phases, et que des arrêts de développement dans l'épanouissement du droit peuvent faire durer longtemps des us faits pour un temps qui a passé. A ces deux points de vue, nous parlerons des patriciens (*Sïmagïle*) et des plébéiens (Tïgre, Gulfare ou Waresa). Les premiers sont ou des Bïlen purs ou des étrangers d'assez haut rang dans leur patrie pour dédaigner un patron hors de chez eux. Le Tïgre est un *client* qui peut tenir sa condition de son consentement ; elle peut aussi résulter de sa naissance, car tous les rapports de patron à client sont strictement héréditaires.

Pour avoir droit à la justice chez les Bïlen, tout étranger s'y choisit un patron, comme il prend un abban chez les Çomal, un haddar à Muçaww^c a, un gofta en pays Ilmorma, et, naguère encore, un Jafyr chez les Arabes qui rôdent aux environs de Suez.

Les chances de la fortune ne peuvent changer l'état

des personnes : un patricien peut rester pauvre, et un plébéien devenir fort riche sans que l'us lui permette de sortir de sa caste.

Le devoir du patron, ou pour mieux dire du patricien B*i*len, est de soutenir son client dans ses procès, et d'être son médiateur (Fürsprecher); il est à la fois sa caution naturelle et son juge. Sans la permission du patron, le client ne peut ni contracter une obligation ni se laisser juger. En commençant sa clientèle, il consent à faire à son patron un cadeau, ordinairement de peu de valeur, par exemple à apporter chez lui un pot de bière aux fêtes de Noël et de Pâques, mais l'institution de ce tribut peut entraîner des conséquences graves, car chaque omission de payement doit être plus tard remplacée par une génisse de deux ans.

Comme les Saho, les B*i*len cherchent la fortune en volant leurs voisins; à chaque entreprise heureuse, le client doit à son patron une vache, s'il a ramené des bestiaux, et la moitié du prix de vente s'il a volé une personne ou bien tué ou trouvé un éléphant. Si le client n'obéit pas à cet us, le patron peut s'approprier tout le butin. Il a droit à une vache si le client meurt sans enfants; dans le cas où le T*i*gre défunt n'a pas laissé de parent, le patron hérite de tous ses biens, y compris sa femme et même sa fiancée, ce qui est une extension monstrueuse de la logique du droit. Ce n'est pas tout : si le client refuse complétement de satisfaire aux prétentions de son patron, celui-ci peut le réduire en servage et par conséquent le vendre, lui et toute sa postérité. Hors des cas précités, le client ne doit rien à son patron et peut vivre où il veut. Les liens du mariage peuvent unir le patron et le client sans aucune disgrâce pour le plus noble des deux conjoints ; mais si la mariée est une T*i*gre, on omet l'un des sacrifices prescrits dans tout autre mariage.

Disons quelques mots des contrats à temps. Le pasteur s'engage pour un terme prescrit qu'il doit atteindre sous peine de perdre *tous* ses gages. Si le propriétaire d'un troupeau s'aperçoit, avant son pasteur, de la perte d'une bête, ce dernier doit en remplacer la valeur, mais il n'en est pas responsable s'il a été le premier à annoncer l'absence de la bête, tout en montrant au propriétaire la trace de ses pas. Quand un pasteur a quitté son maître malgré ses prières, et qu'après son départ une vache accoutumée à lui perd son lait, le pasteur doit au maître primitif deux fois le prix de cette vache. Cet us nous paraît fondé sur la superstition du mauvais œil, et nous amènerait presque à parler des faits et des contes de sorcellerie qui abondent en Éthiopie.

IV

Le métayage est la forme la plus usitée dans l'agriculture : on partage la récolte par moitié quand une personne fournit les bœufs et la semence, tandis que l'autre donne son travail ; si l'un des associés ne fournit qu'un des deux bœufs, il n'a droit qu'au cinquième de la récolte ; la proportion monte au quart pour celui qui donne un bœuf et la semence. Toute contestation sur des faits de métayage est vidée, faute de témoins, par le serment du laboureur en frappant de la main le pied gauche de son bœuf de labour.

Si une servante n'a pas demandé congé trois semaines avant de s'en aller, elle doit ou servir un autre terme, ou perdre tous ses gages.

Nous regrettons que M. Munzinger n'ait fait que mentionner les donzeaux (mesanit) ou compagnons de noce, etc., dont l'institution prévaut dans toute l'étendue de l'Éthiopie et qui ne nous a paru complétement développée que chez les Afar.

Les procès vermoulus (wurmstichiges) sont chers aux Bilen; ils plaident sur des bagatelles pendant de longues années, et ont l'art de donner un semblant de vérité aux prétentions les plus futiles. Le servage a le plus souvent cette impure origine. Il n'y a cependant guère plus de deux cents serfs dans tout le pays, et comme il n'est pas naturel de fonder le droit sur une exception, on peut présumer que les malheurs des temps ont porté les Bilen à vendre la majeure partie de leurs serfs, et que l'esclave ne leur rendant guère de profit par son travail, ils n'ont presque aucun intérêt à soutenir une institution due jadis et surtout à des guerres heureuses. L'esclavage par le vol des enfants a presque cessé aujourd'hui, et le précieux droit du serf de se choisir un patron a pour effet d'éteindre lentement une institution odieuse.

Lorsqu'il s'agit d'un usage qui dégrade l'homme, on ne peut s'empêcher de citer les réflexions de M. Munzinger, qui en fait rarement dans son travail si bien conçu : « Quoique la prohibition de l'esclavage ait été proclamée dans Muçꞏawwꞏa, cet infâme trafic y

est aussi florissant que jamais... Un croiseur dans le
sud de la mer Rouge y mettrait fin dans un mois, car
les musulmans ne recommenceraient pas une spécula-
tion malheureuse. » A ces paroles de notre auteur,
j'ajouterai que de mon temps les bâtiments anglais
paraissaient avoir l'ordre de respecter les possesseurs
d'esclaves, car le capitaine d'un vaisseau de guerre britannique à Tujurrah m'a refusé de recevoir à son bord
un esclave échappé, et dans Aden la police forçait les
esclaves fugitifs à retourner auprès de leurs maîtres.
En présence de faits pareils, on aura peine à soutenir
que la nation anglaise ait aboli l'esclavage dans l'ouest
de l'Afrique par un pur sentiment d'humanité, car les
esclaves, dans le pourtour de la mer Rouge, sont souvent nés dans la religion chrétienne, et l'immense majorité de ces victimes de la cupidité mercantile se compose d'enfants qui n'ont pas eu encore le temps de
mal faire : d'ailleurs ces esclaves sont plus intelligents
et plus susceptibles d'éducation que les nègres de
l'Afrique occidentale. Les Anglais sont tout-puissants
dans la mer Rouge, et ils y auraient, depuis vingt ans,
aboli l'esclavage, s'ils ne tenaient pas à garder envers
la Turquie des ménagements excessifs, ainsi qu'on l'a
vu en 1840 et en 1855. Heureusement tout crime politique porte sa peine. Pendant que j'étais à Muçawwᵉa,
on y vendit un garçon dont la peau toute blanche trahis-
sait l'origine britannique. Ce *colis* des musulmans, probablement volé dans l'Inde, et qu'un croiseur aurait si
facilement libéré, fut dirigé vers le Nord, sans doute
pour tenir les clefs de quelque harem dans Constan-
tinople. Un Anglais innocent aura donc été la victime

d'une grande négligence politique : Dieu se plaît souvent à punir les hommes par où ils ont failli.

Il y a parfois une profonde sagesse dans les institutions immémoriales dont on ignore aujourd'hui le sens. On aura remarqué jadis en Éthiopie que les mariages entre consanguins abâtardissent la race. Aussi les Bilen ne peuvent-ils se marier en dedans du septième degré. De même, les Borana ou patriciens Ilmorma perdraient leur rang s'ils ne s'alliaient au delà du douzième, et il est remarquable que ces deux classes d'Africains ont une vigueur physique et une intelligence qui les rendent toujours dignes de leur position élevée.

Chez les Bilen, si l'un des fiancés meurt avant le mariage, il est remplacé par le plus proche parent ; cette règle s'applique aux deux sexes. Une veuve devient la femme du plus proche parent de son mari défunt, et avant tout du fils de ce mari s'il est né d'un autre lit. La veuve d'un patricien a droit pendant un an entier à la maison de son mari défunt : ce droit est limité à quarante jours s'il s'agit d'un Tigre ou client. Après ces délais, elle est libre de convoler à de secondes noces. Les fiancées comme les épouses n'appartiennent plus que par moitié à la famille de leur père ; par conséquent le meurtrier de sa fiancée ne doit que la moitié du prix de son sang. Chez les Tigray et les Amara, où l'idée exclusive de la famille prédomine moins, la mariée est, au contraire, réunie à la famille de son mari, à moins qu'il ne s'agisse de venger son sang, qui peut être revendiqué en entier par la famille de son père.

L'hyène étant l'être le plus méprisé de l'Éthiopie,

on la nomme en justice pour indiquer l'absence de tout droit. Ainsi, un Amara dira qu'un homme tué de nuit hors de chez lui était une hyène, parce qu'on ne venge pas sa mort. En effet, un honnête homme est censé ne rien entreprendre dans l'obscurité. Dans le même sens, le Bilen affirme que la femme est une hyène. Elle ne peut ni hériter, ni cautionner, ni jurer, ni témoigner ; on ne peut même l'appeler en justice si elle a commis un crime. Elle est absolument sans responsabilité et sans droits.

Malgré l'influence du christianisme, la loi civile admet le divorce dans toute l'étendue de l'Éthiopie. On doit ajouter que là est la cause principale des querelles civiles et de l'infériorité politique et morale de ce beau pays, car l'union politique ne saurait être forte quand des divisions intestines affaiblissent le lien de la famille, cette base fondamentale de toute société. La divorcée bilen ne peut se remarier qu'au bout d'un an, si elle est de race patricienne, ou de quarante jours si elle est plébéienne. Le mari peut néanmoins abréger ce délai lorsqu'il prononce le divorce. Les enfants des divorcés appartiennent au père, mais la mère peut réclamer ceux qui tettent encore. Le divorce amené par la femme est le plus rare. Elle l'effectue en se réfugiant, à trois reprises, dans la demeure de son père. Comme chez les Ilmorma, tous les gens d'une noce jouissent de la trêve de Dieu pendant toute la cérémonie, et les vengeances les plus légales sont alors défendues par le droit Mogarih.

L'usage de prohiber tout rapport, même de conversation, entre des fiancés, prévaut chez les Ilmorma

comme chez les B*i*len, et ceux-ci n'ont garde d'emme-
ner l'épouse de chez elle pour la donner à son mari
sans employer un simulacre de force et même de com-
bat. Les habitants du Kaffa en font autant ; comme
eux, les B*i*len enlèvent la fiancée bien couverte et font
des sacrifices prescrits là comme dans toutes les grandes
occasions de la vie humaine. Dans toutes ces tribus,
si éloignées aujourd'hui les unes des autres, on retrouve aussi le même us qui défend aux femmes de
traire les vaches et de prononcer jamais le nom de
leur mari. Chez les B*i*len, comme au Darfur, cette
interdiction s'étend aussi à la belle-mère.

Revenant aux incapacités légales de la femme dans la
société demi-chrétienne des B*i*len, M. Munzinger remar-
que qu'elles ne sont pas propres à ennoblir son carac-
tère, que dans l'Éthiopie chrétienne le mari qui divorce
est obligé de restituer le douaire et de nourrir sa
femme répudiée ; enfin, que le pays tout voisin de
Barka est le paradis des femmes. Là, en effet, le mari
doit en tant d'occasions des présents à son conjoint
qu'il en est souvent réduit à la misère : l'épouse s'ad-
ministre elle-même, prend dans la succession une part
égale à celle de son fils, a maintes facilités pour le divorce et garde sa fortune à l'abri de toute atteinte. En
remémorant l'histoire antique de l'Éthiopie, on devait
bien s'attendre à trouver quelque part de pareilles lois,
dans une contrée où tant de femmes ont joui et jouissent
souvent encore du plus haut privilége de l'homme, celui de gouverner ses semblables.

Les B*i*len, comme les *Akala*-Guzay, épousent régu-
lièrement la veuve d'un frère défunt, quand même il

(30)

a laissé des enfants. Les divorces sont très-fréquents dans toutes ces tribus, vu l'affaiblissement des idées chrétiennes. Par la même raison, et pour augmenter leur influence en agrandissant leurs relations de famille, les riches sont adonnés à la polygamie.

On croira sans peine M. Muzinger quand il affirme qu'un polygame n'est jamais tranquille entre ses deux épouses, et il est consolant d'enregistrer ici la conviction de notre auteur, que les époux monogames sont de beaucoup les plus fortunés ; que les doubles mariages proviennent rarement d'un besoin physique, et enfin que les polygames, tout comme ceux qui divorcent souvent, ont ordinairement peu d'enfants. Ici, comme dans le cas des mariages entre proches, on voit planer les mêmes lois humanitaires, sous les feux de l'équateur comme près les glaces du pôle.

V

Malgré l'étendue de cette notice, nous ne saurions quitter le fécond sujet des us bilen sans parler de la propriété. Son origine vient de l'héritage, de l'achat, de la première possession, ou enfin d'un butin fait à l'étranger.

Celui qui a vendu une terre a le droit, pendant toute la vie de l'acquéreur, de la racheter en doublant son prix. Nous voudrions demander à M. Munzinger si cette règle est absolue. En Tigray où elle existe aussi, nous avons compris que ce droit compète seulement à celui qui a vendu sa terre paternelle, et qu'un acheteur adventice, devenu vendeur à son tour, ne saurait le réclamer. Cet us a été introduit pour conserver l'esprit de famille par les souvenirs matériels qui l'ont entourée, et l'on suppose qu'un prix d'affection est le double d'une valeur ordinaire, car celle-ci est souvent dictée par la nécessité du malheur. Quel que soit le nombre des ventes postérieures, le premier vendeur est seul admis, en cas de contestation, à indiquer les bornes de la terre, et peut ainsi devenir témoin dans sa propre cause. On se rappellera, d'ailleurs, qu'une pareille anomalie légale existe aussi chez nous, où, en cas de contestation sur la quotité des gages, notre loi se contente de la seule affirmation du maître.

On retrouve encore chez les Bilen l'usage ilmorma de la bénédiction demandée au propriétaire d'une terre d'étranger, en lui portant comme cadeau une petite partie de la moisson qu'on y a faite. La crainte du mauvais œil est probablement au fond de cet us, qui a d'ailleurs pour effet d'entretenir de bons rapports entre des gens trop adonnés au vol et à la violence. Chez les Takue et les Mansah, on donne, en cas pareil, le tiers de la récolte au propriétaire qui ne cultive pas sa propriété ; mais en pays bilen, l'abondance des terres en friche a fait abandonner une aussi forte proportion. Comme dit notre auteur, ce n'est pas une loi, mais bien une sainte coutume qui, alors qu'une terre étrangère a été cultivée une première fois, défend d'en empêcher la culture pendant la seconde année par le même colon, et le propriétaire foncier ne rentre pas dans ses droits avant la troisième année ; cet usage provient d'une crainte superstitieuse de la malédiction du colon. Si celui-ci a commencé sa culture contre la volonté du maître, ce dernier a le droit de s'emparer du champ fraîchement labouré, en donnant une compensation pour la semence, à moins qu'elle ne soit déjà répandue, cas auquel on doit se contenter, pour tout revenu, du cadeau d'usage.

Si une terre a été délaissée, ou si son ancien maître ne donne plus signe de vie, elle appartient au premier qui la défriche. De même, tout objet de valeur sans maître appartient à celui qui le trouve, à moins que le trouveur ne soit un Tigre, cas auquel il doit la moitié de la valeur à son patron.

La propriété d'une pièce de terre implique son extension en ligne droite vers le côté de la montagne voisine pour son bois, son eau, ses abeilles, ses fruits sauvages, etc. L'émigré ne perd pas la propriété du sol de sa hutte et peut la réclamer à son retour, au point d'obliger un nouveau possesseur à détruire sa demeure pour restituer le sol primitif. Quoique les eaux courantes appartiennent au public, celui qui en creusant a découvert une source, en conserve la propriété perpétuelle.

Nos historiens français savent le rôle que le droit d'asile jouait chez nous dans des siècles moins fortunés que le nôtre. Ce droit existe en Éthiopie à peu près partout, et devient plus rigoureux à mesure que la tribu est plus sauvage. On n'est donc pas surpris d'apprendre qu'un homme pris à l'étranger et présenté comme captif soit à un chef, soit à l'assemblée du village, reprend sa liberté et a le droit de retourner chez lui si, après avoir échappé à son possesseur, il prend refuge auprès de n'importe quel patricien. J'ai été témoin d'un pareil droit d'asile en Kaffa.

Le plébéien, faute de payer une dette, devient le serf de sa caution ; s'il meurt sans payer, on vend ses enfants. C'est là une barbare extension de la logique légale, et qu'à leur éternel honneur les vieux Romains n'ont jamais connue. Le fils bilen est responsable des dettes de son père s'il a hérité de la moindre valeur dans sa succession. Faute d'héritiers mâles, les filles, bien qu'elles ne puissent hériter de l'actif, sont néanmoins appelées à acquitter le passif de la succession, sans quoi elles tombent en servage. Mais cet us, ajoute notre auteur, est un abus du droit, établi postérieurement à son origine, et d'ailleurs récemment abrogé. Enfin, les orphelins mineurs d'un patricien ne peuvent être actionnés pour les dettes de leur père avant d'avoir atteint leur majorité, dont l'époque doit être alors proclamée dans l'assemblée des notables.

On appelle « gabat » l'obligation de rendre au bout de l'an un capital prêté en payant un intérêt de 100 pour 100. Cet intérêt usuraire continue à courir si le débiteur ne s'est pas acquitté. Lors d'une mauvaise récolte et en temps de guerre, l'assemblée a le droit de supprimer les intérêts ou de renvoyer le payement à l'année suivante. Mais ce droit ne s'applique pas aux *gabat* appartenant aux Askar ou miliciens du Nayb, qui depuis longtemps sont les principaux commerçants en pays bilen. Le taux excessif de l'intérêt montre combien le négoce y est chanceux. A Gondar, l'emprunt d'un thaler, de 36 sels environ, donne un intérêt légal

(34)

d'un sel par mois ; mais il ne s'élève réellement qu'à 25 pour 100, car l'indulgente législation des Amara suppose que le capital reste inactif pendant les trois mois de la saison pluvieuse. Plus dur envers les spéculateurs, le droit mogareh réserve ses tendresses pour fortifier les liens de parenté. Aussi élève-t-il à la dignité d'une dette les cadeaux dits *Maybatot* et *Masnit*. Le premier se fait à un parent tombé dans la misère ou ruiné par la guerre. Le donateur d'un maybatot a droit de le redemander s'il tombe dans la misère ou si son obligé rétablit sa mauvaise fortune. Le masnit est donné par ses donzeaux, ou garçons d'honneur, à un homme qui se marie. Quand le donzeau s'établit à son tour, il a droit à un cadeau de même valeur : cet usage prévaut aussi chez les tribus *Tigre*, et par conséquent à Muçaww'a. Si un donzeau impatient ne veut pas attendre l'époque de ses noces, il a le droit d'exiger la valeur de la moitié de son cadeau ; mais par cette démarche il quitte l'association dont il était membre.

Les biens passent par héritage à l'aîné des fils, à l'exclusion des filles. Les esclaves, les clients et même l'épouse, font partie de l'héritage d'un défunt. Mais le titre d'aîné (*bikir*) n'appartient pas au premier-né s'il est idiot ou s'il est atteint de défauts organiques, car le *bikir* doit être en état de soutenir l'honneur de son père. On regarde comme aîné le fils de la première femme, quand même il serait né après le fils de la seconde épouse.

Tout homme libre a, de son vivant, le droit de faire des cadeaux au-dessus de ses moyens ; mais, s'il a des fils majeurs, ils peuvent le contraindre à ne pas toucher à son capital, c'est-à-dire à ses vaches blanches.

L'us mogareh ne reconnaît pas le droit de tester. Cette négation légale nous paraît des plus étranges, car l'idée du testament est étroitement liée à celle de l'immortalité de l'âme, universelle en Éthiopie, et l'on a d'autant plus lieu de s'étonner du refus de la loi bilen à cet égard, que l'institution des legs est habituelle dans l'Éthiopie chrétienne. Au contraire, le Bilen qui veut faire un don à son fils ou à son épouse doit le remettre de son vivant à un gardien, car sa vie légale cesse dès le moment de sa mort naturelle.

L'aîné est l'exécuteur de la succession. Il doit en premier lieu faire fiancer ses frères, contrat qui s'exécute habituellement pendant l'enfance des fiancés, et donner la même dot (*maslot*) que ses frères mariés ont déjà reçue. Ces préliminaires étant exécutés, l'aîné prend pour lui-même le parc (*barat*), c'est-à-dire les vaches blanches, toutes les vaches stériles ou entachées de quelques défauts, les veaux et taureaux, tous les effets et meubles de la maison, les ânes, chevaux et mules, la terre avec ses droits, les clients et les plébéiens, la responsabilité des dettes de son père et, enfin, sa veuve. Le reste de la fortune se partage également entre l'aîné et les enfants mâles, mais la maison vide est légalement la propriété du plus jeune fils.

Tous les patriciens se garantissent réciproquement leur propriété. Celui qui la viole est puni d'une amende regardée non comme une peine ou une vengeance légale, mais comme un moyen d'établir de la sécurité dans ce pays de brigandages. Celui qui rencontre dans le désert, loin de tout village ou champ cultivé, un voleur qui revient avec son butin, a le droit de prendre une moitié du produit du vol, et en devient alors l'associé ou complice.

Il n'y a point d'action légale contre celui qui vole son oncle maternel. On peut voir là une extension de notre droit, qui n'autorise pas un père à ester contre l'enfant qui l'a volé, car le droit mogareh, ne reconnaissant pas de femme en justice, semble vouloir la faire représenter par son frère dès qu'elle a un enfant.

Le voleur pris sur le fait est mis en liberté après avoir payé une amende de sept vaches ; cette peine s'applique au vol agricole comme au vol avec effraction, mais l'amende est portée à dix vaches quand on a dérobé des bêtes à corne, car toutes les législations primitives ont tâché, en élevant la peine, de mieux protéger ce genre de propriété, qui échappe plus aisément à la garde de son maître.

Si le vol est prouvé par l'affirmation d'un seul témoin, par le serment (*gar*) du propriétaire, ou par *wotwozam*, le voleur et ses complices sont punis chacun par la restitution multiple de la chose volée. Si, par exemple, trois voleurs se sont réunis pour dérober une vache, chacun d'entre eux doit restituer trois vaches. Mais si le vol n'a pu être prouvé que par le refus du voleur de prêter serment, lui et ses complices doivent chacun restituer cinq fois la chose volée. Cette disposition de la loi est peu sage, car elle y semble perdre sa dignité et sa raison uniquement parce que sa proie allait lui échapper. Ce n'est pas tout : si l'habitant d'un village est convaincu d'avoir égorgé chez lui une vache volée dans ce village, une fiction légale prend pour complice chaque membre de la famille, et même le pot à bouillon, chaque assiette, etc. S'il y a en tout une vingtaine de ces complices volontaires et involontaires, le voleur doit restituer vingt fois. Bien que cet us doive évidemment son origine au besoin d'établir la sécurité entre voisins, on conviendra ici sans peine que la loi devient ridicule en voulant être trop raffinée dans sa logique.

Celui qui est soupçonné de sorcellerie est expulsé du pays avec ses proches parents ; mais s'il est convaincu d'avoir tué quelqu'un par ses pouvoirs occultes, il doit périr ou payer le sang du défunt, et passe légalement pour son meurtrier. Tous les Africains croient à l'existence des sorciers. Il est de mode, aujourd'hui, de la nier chez nous ; néanmoins les penseurs qui sondent sans préjugés les plaies morales de l'humanité, admettent, comme nos ancêtres le faisaient, selon les temps et selon les peuples, que tout n'est pas faux dans ce qu'on nous a transmis sur cet art ou ce mal, aussi néfaste qu'il est mystérieux.

On connaît la distinction tracée par les Anglais entre la loi (*common law*) et l'acte du Parlement. La première a chez nos voisins une grande part de la majesté et de l'immuabilité qui n'appartiennent ailleurs qu'à la religion, car la loi est le lien principal de la société, et l'on ne saurait y toucher sans commettre le crime de lèse-humanité. Le *common law* est *un us tellement antique que la mémoire d'aucun homme ne rappelle rien qui lui soit contraire.* Au contraire, un acte du Parlement peut être modifié et même abrogé, puisqu'il sert tant à consacrer quelques décisions nouvelles de la jurisprudence, qu'à régler cette foule de différends imprévus qui naissent toujours dans une société en progrès. Une distinction pareille semble exister chez les B*i*len, et si cette assimilation est juste, nous regrettons que M. Munzinger n'ait pas donné la liste des « s*i*re » ou lois, car elles dessinent au mieux l'esprit de la société. Outre le « s*i*re » et le droit mogareh, ou coutume judiciaire, les B*i*len ont aussi les décisions du mohaber, sorte de parlement ou d'assemblée de notables, qui commentent et appliquent la coutume dans les cas particuliers.

L'origine du « s*i*re » se perd dans la nuit des temps et doit avoir précédé le divorce des peuples en Éthiopie, car on y retrouve les mêmes prescriptions chez des tribus qui n'ont plus entre elles aucun rapport aujourd'hui, soit pour la langue, soit même pour la religion.

Le « s*i*re » inspire plus que du respect : c'est une vraie superstition, et les B*i*len aimeraient mieux commettre les plus gros péchés que de violer un *s*ire. Heureux le peuple qui professe pour la loi cette vénération ; mais en Afrique, comme en Europe, on la donne seulement aux idées dont l'origine est aujourd'hui perdue dans la nuit des temps et dans la majesté toujours croissante des siècles.

C'est un « s*i*re » qu'un patricien ou une femme ne peut tirer le lait, l'un sans doute parce qu'il est trop noble, l'autre, comme les Ilmorma et les Saho me l'ont expliqué, parce qu'elle en est indigne. Le soin des troupeaux fait le bonheur et la gloire des Bilen. C'est pour satisfaire à cette passion dominante qu'un tiers de tout ce peuple vit à l'état nomade. Il aime tant les vaches que, hors des cas prescrits par le vieil us, il mange seulement celles qui sont mortes naturellement ou par accident. L'agriculture est peu en honneur. Elle s'exerce sur les *daga* ou hauts plateaux, et c'est dans les années de paix seulement que le soc fécond descend dans les *qualla* ou terres basses et chaudes, qui, par le contraste des *daga* voisins, forment dans toute l'Éthiopie le trait dominant de la physionomie géographique. Le cours de l'année est divisé en trois saisons : celle des pluies (*karam*), l'hiver et l'été. La température varie entre 17 et 32 grades, et en somme le pays est fort sain. Le sorghum est la céréale principale ; le froment est peu répandu, et quant aux légumes on ne cultive que des fèves et des choux, car le manque d'eau courante s'oppose au jardinage. Malgré la fertilité du sol, la famine n'est pas inconnue dans ce pays ; entre autres désastres qui la causent, on doit signaler un insecte qui se multiplie assez pour anéantir des récoltes entières de sorghum. Notre auteur ne dit rien des sauterelles, cette calamité dont on se fait difficilement une idée. Bien que les beaux arbres ne manquent point chez les Bilen, on n'y trouve pas une seule forêt.

(40)

VI

Le droit et le devoir de venger le sang répandu forment, aux yeux de ces peuples, la partie la plus importante de la coutume comme de la loi. Jusqu'au septième degré, tous les membres d'une famille sont mutuellement responsables de leurs vies, et on les garantit par le *mirdat* ou droit du talion pour le sang répandu. L'us est impitoyable et même déraisonnable à cet égard, car on n'apprécie pas l'intention, et même dans une guerre déclarée, le cas de légitime défense ne sert jamais d'excuse. Il a fallu sans doute des lois aussi draconiennes pour maintenir intacte une société barbare où les liens légaux sont d'ailleurs peu nombreux.

Quant à la peine due pour le sang répandu, la coutume distingue deux cas : Si le meurtrier a été pris sur le fait, il est pendu et balancé trois fois en l'air ; s'il revient à la vie ensuite, il n'a plus rien à redouter : il a payé la dette du sang, car l'us serait impie s'il s'acharnait à ses fins contre la volonté de Dieu, qui est en dernier lieu le vrai donneur de vie et de mort. Nous relatons ici l'explication toute religieuse des *Tigray* et des Amara, et nous avons peine à croire que cette idée morale n'ait pas sanctionné la même pratique chez les *Bilen*. En l'absence du meurtrier, ceux-ci admettent qu'on venge le sang en pendant le père, le frère ou le fils du coupable.

Si le meurtrier s'échappe avec ses proches et prend

refuge dans les sept degrés de sa famille, et qu'il en-
voie ensuite la vache dite dungub aux funérailles de sa
victime, la famille de celle-ci a le droit ou de poursuivre sa vengeance, ou d'accepter le prix du sang,
dont le payement éteint toute poursuite.

On doit le mirdat pour le meurtre d'une jeune fille,
d'une veuve ou d'une femme divorcée et remise en
liberté ; un père de famille le doit pour avoir remarié
sa fille ou sa parente avant le délai légal qui doit suivre
le divorce, ou s'il a donné en mariage une fille fiancée
à un autre. Le prix du sang est également dû par
celui qui vole une personne à ses aînés et la vend à
l'étranger, et par celui qui tue au moyen de la sorcellerie, cas auquel la déclaration du mourant fait foi en
justice.

La dette du sang incombe par moitié seulement si le
sang humain a été répandu, n'importe en quelle quantité, mais sans que la mort s'ensuive, ou si l'on a crevé
un œil ou cassé une dent, n'importe par quel moyen.
La moitié du prix est due aussi par celui qui accom-
pagne ou aide un meurtrier, et même par celui dont
la lance ou le sabre tue quelqu'un sans l'intervention
de son propriétaire. L'us a voulu ainsi réprimer impi-
toyablement la violence, et a cru bien faire d'imposer
à des gens grossiers une règle unique plutôt que d'é-
tablir cette graduation des peines, qui exige trop de
connaissances pour être bien appliquée dans une civilisation peu mûrie.

Comme dans nos lois antiques de l'Europe, le prix
du sang est minutieusement réglé quant à la condition
du mort ou du blessé et quant au nombre et à l'âge

des vaches qui seules doivent composer ce prix. Pour
intéresser la vigilance de chaque famille à faire exé-
cuter l'us, on donne la moitié du prix au chef et l'on
partage le reste également entre tous les membres majeurs de sa famille jusqu'au septième degré. Mais une
sanction plus désagréable, quoique bien plus sûre pour
le rétablissement de la paix, dérive de l'us fort singu-
lier qui ne regarde la vengeance légale comme éteinte,
qu'après que le meurtrier aura donné sa propre fille, ou
la fille de son fils en mariage, au fils de sa victime tuée:
le meurtrier doit y joindre le cadeau d'usage. Chaque
membre de la famille contribue à ce cadeau pour une
part égale, de même que pour fournir le nombre de
vaches qui composent le prix du sang, et, sauf l'obligation de donner sa fille, le meurtrier n'a pas une part
plus forte que les autres dans cette souscription forcée.
Mais les fondateurs de cet us ont été sans doute pré-
occupés de l'idée que la solidarité de tous les membres
d'une grande famille est la meilleure garantie qu'aucun de ces membres ne se livrera à des violences
illégales.

L'acceptation du prix du sang est d'ailleurs faculta-
tive de la part de la famille investie du droit du talion :
on peut la prier, mais personne ne saurait la contraindre à y renoncer. On se rappelle, à cet égard, la
coutume légale qui prévaut encore en Espagne : dans
les condamnations capitales, le souverain n'y peut
exercer son droit de grâce qu'après le pardon donné
au meurtrier par le plus proche parent de sa victime.

Si le meurtre n'est pas notoire, on ne peut poursuivre
le prévenu sur les dires d'un petit nombre de témoins

et encore moins d'après des preuves induites des circonstances matérielles, mais seulement par le *wotwozam* ou le serment. Dans ce dernier cas, si l'accusé ne veut pas prêter le serment qui le déchargerait, il doit solder la moitié du prix du sang, et toute sa parenté contribue à ce prix, chacun pour une part égale. On voit dans cet us le désir de simplifier l'exécution de la loi.

Celui qui fournit au meurtrier un moyen pour émigrer à l'étranger n'encourt aucune responsabilité. Cet us nous semble prouver, entre autres, que l'idée morale lui a servi de base, qu'il regarde le devoir de poursuivre le sang répandu non comme une vengeance, mais comme l'égide d'une société peu munie de liens et qu'il suffit à la loi coutumière que la présence d'un criminel ne souille plus le sol de la patrie. La maxime de laisser vivre, s'il est possible, est en effet la base fondamentale de toute société.

Le droit du talion s'exerce sans aucune forme légale, car ce qui est dans le sang doit être antérieur à tout us. Il est à peu près inouï, chez les Bilen, qu'une exécution ait été précédée d'un procès en forme. Nous avons remarqué que les Tigray et les Amara sont, à cet égard, beaucoup plus scrupuleux que les troupes errantes des pasteurs bilen.

Le talion n'est pas seulement un droit, mais un devoir sacré. Hors les cas cités, le sang répandu n'est jamais pardonné. Avec le lait de sa mère, l'enfant suce l'idée de vengeance, et ces représailles atroces et fréquentes sont la cause principale, selon M. Munzinger, de la dépopulation des frontières éthiopiennes. On peut affirmer qu'il ne s'y trouve pas un village sans un cas de sang à venger ou à payer, et jusqu'ici, sur dix patriciens *bilen*, à peine un seul mourait-il tranquillement dans son lit. Mais quel frein peut exister dans un pays où personne n'exerce l'autorité suprême et où la religion n'est plus qu'un mot vide de sens ?

Le législateur ne peut que définir et réprimer les crimes et les délits : l'homme d'État parvient quelquefois à en diminuer le nombre en intéressant ses sujets à ne pas les commettre, en arrachant avant leur maturité ces mauvaises herbes de l'état social ; mais le moraliste, le prêtre surtout, peut seul empêcher la graine de perversité de germer dans le cœur de l'homme, en habituant chacun à pratiquer, en les chérissant, la vertu et le devoir.

« Tout mon écrit, dit M. Munzinger, a pour sujet un droit sans juge ni gouvernement, et, parmi les garanties de ce droit, il ne me reste qu'à parler de la religion. »

Les Bilen se nomment Kostan, c'est-à-dire chrétiens, et, comme preuve de leur croyance, ils s'abstiennent de la viande des bêtes égorgées par les musulmans, de celle des lièvres, des éléphants et des autruches. Le dimanche s'appelle grand sabbat, mais, comme en Hamasen et en Gojjam, on évite aussi de travailler le samedi. Il n'y a que deux églises en pays *bilen*, et les prêtres héréditaires qui y sont attachés n'ont d'autre fonction que d'aller, aux fêtes principales, frapper les deux pierres sonores suspendues près de l'église et qui tiennent lieu de cloches. Il n'est pas question de consécration cléricale ni d'instruction religieuse et même je ne saurais affirmer qu'aucun des prêtres actuels ait reçu le baptême. L'église n'est que le monument muet et mystérieux d'un passé inconnu. Quand les pluies manquent, les femmes du village marchent en procession autour de l'église en chantant : « Seigneur ! pardonne-nous, ô Christ ! » Un fait analogue, une même naïve pauvreté d'esprit existe dans Moca, sur la frontière du Kaffa, où l'on ignore le nom du Christ, mais où l'on invoque MARIE. Le prêtre principal de *Karan*, la capitale des B*i*len, est un homme opulent, qui se croit fort habile, qui ne s'assied jamais sans invoquer la Sainte-Trinité, mais qui ne connaît pas l'*Oraison dominicale*.

Le troupeau est à l'avenant du pasteur : on vénère beaucoup la sainte Vierge, mais personne ne la regarde comme la mère du Rédempteur. Notre auteur dit, à ce propos, que « les égarements des Éthiopiens dans leurs vues dogmatiques viennent de l'inhabileté (hülflosigkeit) de la langue éthiopienne à traduire les symboles grecs ». Il convient de protester contre une opinion pareille : la langue g*i*'iz, usitée partout en Éthiopie pour les choses saintes, n'est pas, comme organe de la pensée, inférieure aux autres langues de la grande famille des Sémites qui ont établi trois religions dans le monde. Quelques termes g*i*'iz ont été détournés de leur vrai sens par des sectes dissidentes ; mais un évêque napolitain, Mgr de Jacobis, qui a enseigné vingt ans en Éthiopie, a trouvé des croyances très-raisonnées et très-pures parmi les habitants du B*a*gemd*i*r, qui devaient toute leur théologie à la langue g*i*'iz.

Quant aux sacrements, des moines venus du Sud, et

faisant une tournée chez les B*i*len, doivent avoir de temps en temps administré le baptême. Çà et là, toutefois, ces pauvres missionnaires étaient tués, ou vendus dans le Barka, par leurs néophytes, et leur zèle, méconnu par les hommes, n'a pu être récompensé que par Dieu.

Le peu de religion qui languit encore dans ce pays est étouffé par la superstition. On y croit aux charmes, et peu importe qu'ils soient écrits par des chrétiens ou par des musulmans. Comme partout ailleurs en Éthiopie, on croit aux songes, aux présages, à la divination et à toute la horde des sciences dites occultes. Toute la religion des B*i*len est une affaire de tradition, un simple nom, mais il est respecté comme un héritage de leurs ancêtres.

Par bonheur, ce tableau affligeant n'est plus vrai que dans le passé. Grâce à la mission dont nous avons provoqué l'établissement en Éthiopie, et qui a choisi un de ses siéges chez les B*i*len, cette petite, mais valeureuse nation renaît à la vie sociale. Le pays est devenu plus sûr ; les invasions de W*i*be et des Turcs ont élargi les faibles notions de la géographie. Les vieux envient les jeunes, qui, plus sages que leurs pères, apprennent à prier et à épeler. Ces tribus ont beaucoup de sagacité, surtout dans les questions de droit, et j'ai connu, dit notre auteur, plus d'un juge de village qui aurait été en Europe un excellent président de cour.

Les philosophes et les moralistes qui narrent l'histoire des nations, ou qui sondent les abîmes du cœur humain, diront que, malgré de légères erreurs dans son fécond volume, écrit d'ailleurs en pays sauvage, sans conseils et sans bibliothèque, M. Munzinger a bien mérité de la science humanitaire en nous révélant, avec les cachets évidents du soin et de l'impartialité, une nation des plus intéressantes, à peine connue avant son travail si consciencieux (1).

(1) Avril, 1863.

Voyez, pour les premières notices sur le pays Bilen, mes lettres dans le *Bulletin de la Société de Géographie*, t. XII (1839), p. 181, t. XIV (1840), p. 114, et t. XVIII (1841), p. 186. Le nom national, Bilen, ne m'a pas été donné dans ces renseignements. Je ne l'ai eu qu'en faisant mon vocabulaire de leur langue en 1849. Il est à remarquer que les citations de M. Munzinger sont en langue Tigre et qu'il donne à peine quelques mots de Bilen, soit dans les chansons, soit dans les termes de droit qu'il a eu la précaution de décrire en les traduisant. Nous comptons qu'il nous donnera bientôt l'explication de cette anomalie apparente.

PARIS. — IMPRIMERIE DE E. MARTINET, RUE MIGNON, 2.